타르쵸 깁는 남자

타르쵸 깁는 남자

김석윤 시집

문학들

시인의 말

길을 좇아 나섰다

꽃이 피었다 지고
잎이 돋고 단풍이 들고
이윽고 눈이 내렸다

멀리 마을이 보였다, 거기
나와 닮은 사람들이 살고 있었다

2014년 겨울
김석윤

차례

제2부

제3부

제4부

제1부

뿌리

가로수를 옮기고 있었다
굴착기가 한 움큼씩 흙을 파낼 때마다
드러난 가늘고 굵은 뿌리를
인부들이 톱으로 잘라 냈다
잘린 부위에서 배어 나온 물기가
주변의 황토를 더욱 붉게 적셨다

깊게 둘러친 해자垓子 안쪽
고립된 채 완강히 버티던, 그가
마침내 쓰러졌다, 팔을 내둘렀지만
허공은 그의 손을 잡아 주지 못했다
그때 보았다
그가 지탱하고 있던 자리만큼
허망하게 무너져 내리던 하늘과
퍼렇게 치켜뜬 잎들의 눈으로 지켜 온
그늘이 사라진 것을

문득, 주위를 둘러보자

지금껏 걸어온 길이 사방으로
모두 뿌리가 되어 있었다
갈래갈래 길 더듬어 발품 팔아 온
발바닥의 물집이 쓰라렸다
그날 이후, 뿌리 깊다는 말에서는
물기가 묻어나기 시작했다

고비를 횡단하다

누런 모래바람 뚫고
사막을 건너온 대상 행렬에 끼어
닷새 만에 나타난 최 씨,
익숙한 손놀림으로 좌판 펼치고
벽돌을 고여 수평 잡는다
순탄하지 못한 생生의 밑바닥에 주춧돌 놓고
가지런히 생선 진열한다
비린 전령이 장터를 한 바퀴 돈다
어느 삶이든 감추고 싶은 구석이 있기 마련,
비린내쯤 풍기더라도 찾아 줄 손님 기다리며
소매 걷어붙이고 칼을 벼른다
마수걸이는 늘 파리들 차지다
팔뚝으로 삐져나온 용龍 꼬리에
겁 없이 달라붙는 쉬파리,
한때 그를 부르던 이름이다
어느덧 십 년
까탈스런 손님 비위 맞춰
내장 발라 주다 보니 이젠 배알이 없다

덤이다 떨이다 얹어 주어 실속 없는 장돌뱅이
덜 찬 전대 가득 인심 얻었으니
삶의 장마다 이문 남는다 허허허虛虛虛 웃는다
천막을 개켜 싣고
고비 고비 넘어온 늙은 낙타 등에 올라
고개 너머 오아시스 있다 고삐 당겨도
코만 벌름거릴 뿐 시동 걸리지 않는다
그래도 무거운 짐들 덜었으니 가뿐하지 않으냐
어르고 달래 푸릉 푸릉 사막을 횡단한다

타르쵸* 깁는 남자

라싸 가는 길목
경전이 적힌 오색 깃발을
테두리천으로 잇대어 재봉질하는 남자

한때 마방이었던 그의 발밑
기다랗게 늘어놓은 테두리천은
해 떨어지기 전 다다라야 할 차마고도茶馬古道,
지상에서 가장 높은 길 걷던 발이
낡은 재봉틀 발판을 디딜 때마다
굽이 닳은 의자가 절룩거린다

궁을궁을弓乙弓乙 벼랑길이 그랬듯
느닷없이 끊긴 실, 침 묻혀 이어 가며
글 한 줄 모르는 까막눈으로
줄줄이 경전 엮어 낸다
이제 그의 교역품은
허공에 바람으로 흩어질 말씀

기워도 기워도 흔적조차 없는
가난한 말씀을 종일토록 박음질한다
새와 쥐의 길을 사람의 길로 바꿔 놓았듯
하늘에 가장 가까이 내걸릴
저, 허공장경虛空藏經!

바람 잘 날 없는 생生은, 늘
경전 소릴 들을 것이다
그 어떤 주석도 달리지 않은 원문 그대로
한 올 한 올 풀리는
말귀 알아들을 것이다

* 타르쵸 : 경전을 적은 오색 깃발. 티베트의 높은 언덕이나 중요한 길목에 타르쵸가 걸려 있다. 타르쵸가 바람에 날리는 소리를 일러 '바람이 경전을 읽고 가는 소리'라고 한다.

민들레

보도정비 공공근로 사업장
지체장애 남편과 곱사등이 아내
앉은걸음으로 풀 뽑는다

보도블록 옹색한 틈새기 붙들고
앙버티는 풀포기들과
세나절 끈덕진 승강이 끝에

차마, 어쩌지 못한
민들레 꽃 두 송이
근로대장에 손도장으로 찍는다

입동立冬

국화 분盆 시든 꽃잎에
꿀벌 한 마리 움직임 없다

일벌은, 꿀 1kg을 얻기 위해 16만km를 날아다니며 1천만 송이 꽃을 들락거린다. 하루에 적게는 7~13회 많게는 24회를 꿀 모으기에 나선다. 꿀 모으기는 일의 한 부분일 뿐, 태어나자마자 집 안 청소부터 시작하여 11일령까지 애벌레 먹이 주기를 하다가, 17일령까지 밀랍 생산, 둥지 수리, 사체 처리, 음식물 저장, 날개를 이용한 환기에 매달린다. 그 후 3일령 동안 집을 지킨 뒤 22일령부터 꿀 모으기에 나서 40일령을 살다가 생을 마감한다.*

무성無性의 몸빼바지로 사십 년을 살다 간 청상의 누님!

* 야후 백과사전.

눈에 밟히다

지하철역을 나서는 순간
덥석 발목을 잡고 놓지 않는
배밀이 사내!
아랫도리 뭉개고 빼소니친
바퀴 거죽으로 환상통 질끈 동여맸다
한 뼘 한 뼘 밑바닥 깊이를 재며 끌고 온
고무보다 질긴 목숨,
굳은살 편자 박힌 손으로
길거리표 최신인기가요 건넨다

열차가 도착하면 반짝 장이 선다
잽싸게 장음계로 곡조 바꾸고
스피커 볼륨을 높인다
낮은 포복으로 파고든 인파 속
종종걸음 빠른 템포 따라잡지 못하는
그는, 알 것이다
꼬리 잘린 도마뱀
새살 돋아도 꼬리뼈가 없듯

껌딱지 들러붙은 바닥 딛고 일어나
입지전立肢傳 쓸 수 없다는 걸

흥겨운 메들리 따라 부르며 걷다가
빠른 대목에서 박자 놓치고
배밀이 사내 떠올린다
'바닥' 이라는 명사 뒤에 달라붙은
'기다' 라는 동사 자꾸 눈에 밟힌다
사내에게 붙들린 발목 시큰거린다

탁란托卵

다시는 돌아보지 않을 생각이네.
아내 주검 곁에서도 울대가 없다며 웃던
황새란 친구는 그렇게 전화를 끊었다
나도 암이래.
토악질 끝에 내뱉던 말 떠올라
차를 몰아 당도한 산 중턱,
위를 잘라 내곤 날아갈 듯 가뿐하다더니
기어이 허공에 길을 매달고 가 버렸다
박제처럼 남은 야윈 몸뚱어리
가늘고 긴 목에 결승문자 걸렸다
무슨 말을 전하려 했을까
쑥 내민 푸르죽죽한 산죽山竹잎 혓바닥
선뜻 어쩌지 못하고 있다가
주머니에서 울리는 전화기를 대신 받았다
아빠야? 아빠야? 아빠야?
울부짖는 울음소리
하필이면 이토록 환한 봄날이라니,
연초록 잎사귀 쫑긋한 귀에 대고

곡비로 지목 받은 난
곡은커녕 한숨 한번 크게 쉬지 못했다

나도사초

삼십 년 근속 정산서 받아 들고
갓길에 멈춰 선 중고차 한 대
갈 곳을 잃어버렸다

노면표지 지워진 길
여전히 속도 줄이라는 표지판
습관적으로 한곳을 가리키는 이정표
눈 감아도 훤한, 낯선 풍경 둘러본다
그동안 무심히 지나쳤던 길가
이름 없는 잡풀들 새삼 눈에 띈다

세상에 이름 없는 것이 있을까
먼지 앉은 풀섶 들춰 보면
도감圖鑑에 어엿이 올라 있는 이름들
겨이삭 새포아풀 왕포아풀 선포아풀
호밀풀 잠자리피 개피 도랭이피
띠 길뚝사초 별사초 괭이사초

나직이 부르다 보니 떠오르는
근로자명부에 등재된 이름들

너도사초 나도사초 다 한철이다
먼저 자리 잡은 것들, 시들어 스러진 자리
새로이 밀치고 올라오는 새파란 것들,
우거져 뒤엉킨 듯 보여도
풀들은 서로의 발등 밟지 않는다

자전거 도둑*

–자전거는 찾았는가?

–아직요.

–기운 내게. 잃어버린 건 자전거지 자전거 타는 법은 아니잖은가?

–힘들 땐 누가 끌고 가 버렸으면 싶더니, 넘어질 때마다 얻은 상처가 새삼 떠오르데요.

–아무렴. 자전거를 배울 땐, 넘어진 횟수보다 한 번을 더 보태 일어나지 않았는가?

–이젠 고물인 걸요. 손잡인 녹슬고 짐칸은 찌그러진 데다 바퀴도 짝짝이고.

–그래도 그렇지, 낡은 자전거라도 지나간 자리엔 바큇자국이 남는 법인데.

–페달을 거꾸로 돌린다고 자전거가 뒤로 굴러가진 않잖습니까?

–포기하진 말게. 진짜 두려운 건 잃어버린 것이 아니라 잊어버린 것이네.**

–잊을 만하면 생각나는 것보다 차라리 잊어버린 것이 나을 수도 있죠.

–이 사람아, 고개가 가파르면 내려 자전거를 끌고 가기도 하지 않았던가?

–그땐 그랬죠. 오르막이 있으면 내리막도 있을 것이라고.

–마음을 다잡게. 중심을 잃어버리면 어떤 자전거라도 넘어질 수밖에 없네.

–건배나 하시죠.

–뭐를 위해 말인가?

–구르고 굴러 닳아빠진 바퀴를 위하여. 아니, 바람 빠진 바퀴를 위하여!

–그만 일어나세나. 기다릴 가족도 생각해야지.

자전거는 누가 훔쳐 간 것일까
출입문은 당기라는 말도 없이
밀라는 말도 없이 입을 다물고 있었다

* 자전거 도둑(Ladri di biciclette) : 비토리오 데 시카 감독의 영화 제목. 나주시 남내동에 있는 술집 이름.

** 위기철의 소설 「껌」 중 "진짜 두려운 것은 상실이 아니라 망각이다"를 변용함.

옌징의 눈동자

해발 사천 미터가 넘는 티베트 오지
난창강 협곡의 비탈에
통나무 기둥 세워 널판을 깔고
진흙을 발라 만든 다랑이 염전 있다네

천 년이 넘도록
강변 소금우물에서 산비탈 층층의 염전까지
소금물 져 날라 소금을 만들어 온
옌징 여인 있다네

금닭과 은닭이 옌징鹽井에 남겨 준 것은 소금물뿐이라서*

그해, 복사꽃 망울만 한 젖멍울 맺힐 때
처음 알았다네, 옌징 여자가 물려받은 건
성과 이름이 아니라 눈물샘이란 걸
힘에 부친 물통 지고 계단 오르다 그만
소금물과 함께 진분홍 꽃물 쏟고 말았다네

슬플 때 울지 않으면 몸이 대신 아프다는데,
누구도 자신의 슬픔을 다 울진 못한다**는
옌징 여인, 깊은 눈물샘에서 길어 올린
소금물 그렁그렁 고여 있는 눈동자
염전은 하나같이 붉디붉다네

햇볕과 바람에 물이 증발하는 동안
쓰리고 아린 소금기가 바닥으로 스며들어
염전 밑 천장에 하얗게 맺힌 도화염桃花鹽!
아름다운 이름으로 불리는
소금 여인의 눈물버캐
차마 삼킬 수 없을 만큼 짜디짜다네

* KBS 다큐멘터리 〈차마고도-천년염정〉 편에 삽입된 노래. "금닭과 은닭이 옌징에 남겨 준 것은 소금물뿐이네/소원을 빌겠어요/다시는 이렇게 무거운 소금물을 긷지 않게 해 주세요"의 일부.

** 허만하 시인의 시 「내면의 바다」 중 "사람은 아무도 자기의 바다를 다 울지 못하고 만다"를 변용함.

무어라 불러야

추석 귀성길 고속도로
휴게소 한쪽

> 남미 인디오 음악과 퍼포먼스 LIVE 공연
> - 잉카 후예들의 한과 신비함을 담은 토속음악 -

허물어진 유적의 기단基壇 같은 후예라는 말
호적등본인 양 펼쳐 놓았다

태양을 머리에 이고 안데스 산맥 넘나들던
콘도르 깃털로 장식한 날개옷 걸치고
El condor pasa 부르고 다니는, 낯선 저들을
나그네새라 불러야 할까
떠돌이새라 불러야 할까

연주 끝낼 때마다 모이 청하듯 연신
고개 주억거려도 팔리지 않는 음반과 공예품
낡은 행장에 챙겨 떠나간 자리에

관광버스가 또 한 무리 새 떼 풀어놓는다

이북 5도청 실향민 방문단

붉은 글씨 큼직한 플래카드
버스 양 옆구리 휘장처럼 둘렀다

명절 때면 어김없이 무리 지어
유전자에 새겨진 원적지 찾아 나섰다가
망향가 부르며 되돌아오는, 낯익은 저들을
칠새라 불러야 할까
텃새라 불러야 할까

수水요일의 노래

오키나와현 이오지마. 아열대의 수水요일, 계절풍이 불면 비가 온다 지하 깊숙이 파고 들어간 진지 속, 열쇠도 세월도 없이 굳게 닫힌 옥쇄玉碎의 방. 쿵쿵 바람벽에 머리를 들이받으며, 쉬지 않고 갱도를 판다 (내 통곡의 의미를 알면은 다시는 비가 안 내려야지)* 이제, 그만 주무셔요 형광 불빛, 네이팜탄 터지면 귀를 틀어막는다 두두두두두두… 이명의 빗소리, 기총소사로 퍼붓는다 (빗줄기 타고서 이 가슴 때리는 그 젊음의 몸부림) 수水요일, 크레센도로 굵어지는 빗줄기. 누구 말도 믿지 않는 귀머거리, 종전의 기미는 보이지 않는다 야자수 잎사귀를 덮고 누운 학도병, 목덜미로 다지류多肢類 땀이 스멀스멀 기어 다닌다 (비가 내리는 밤이면 비가 내리는 밤이면)

태평양 남서제도. 쪽빛 물마루 너머, 까치발의 희망마저 잃었어요 혼령이 아니라서 바다를 건너지 못한 채, 주저앉을 수밖에 없었어요 거부할 때면 치마를 찢고, 지워지지 않는 문신을 새겼어요 (통곡을 했었다 메

아리도 없었다) 하루에 서른 번도 넘게, 총검 앞에 까무러쳤어요 눈물 대신, 덧난 상처에선 진물이 흘렀어요 (그러나 조용히 가 버린 내 젊은 내 젊은 야생마) 수水요일, 스모르찬도로 흐느끼는 빗줄기. 한번만이라도 꽃신 신고 숫눈 위를 걷고 싶어요! 집을 나선 소녀들, 아직도 돌아오지 않는다 비는 그치지 않고, 집회만 이어지는 수水요일. 천 번**이 넘도록 반복된 벡사시옹, 끝없는 도돌이표의 노래 듣는다 (비가 내리는 밤이면 비가 내리는 밤이면)

* ( ) – 가수 김하정의 노래 「야생마」 가사.

** 일본군 위안부 피해자 문제 해결을 촉구하는 '수요집회'는 1992년 1월 8일 미야자와 기이치 당시 일본 총리의 방한을 앞두고 첫 집회가 열린 이후, 20년이 넘도록 매주 수요일마다 주한일본대사관 앞에서 열리고 있다. 수요집회는 2011년 12월 14일로 1,000회째를 맞았으며, 일본대사관 맞은편 인도에는 130㎝ 높이의 평화비가 세워졌다. 평화비는 한복을 입고 손을 무릎 위에 모은 채 작은 의자에 앉아 있는 위안부 소녀의 모습을 형상화했다. 옆자리의 빈 의자는 시민의 몫으로 남겨 놓았다.

어느 무명 가수의 기타

– 노란 스웨터의 잔느*

쿵, 무대에 기대 놓은 기타가
쓰러지며 목이 부러졌다

마음껏 노래할 날을 기다려 온, 그는
조심스레 접착제를 바른 후
카포를 끼우고 음들을 조율했다

이름 없는 그의 품에 안긴 상처투성이의 여인!

불안한 긴 목이
자꾸 눈길을 끌어당기는 만삭滿朔의 그녀,
가슴 한복판 휑한 울림통에서 흘러나오는
흐느낌 소리

그의 손길 닿을 때마다 가늘게 떨리는
어느 현 어떤 코드를 짚은들
온몸에 통점이 퍼져 있어 아플 수밖에 없겠다

* 모딜리아니, 캔버스에 유채(100×64.7㎝).

제2부

빈 들에서

아무것도 아무것도 없다고
목 놓아 우는 바람 소리,
귀를 감싼 채 발밑을 보니
먹이를 찾던 새들은 떠나가고
어지럽게 찍힌 발자국만 쓸쓸하다

날개를 잃은 새 한 마리
지상에서 얻은 살은 흩어지고
바람이 깃든 뼈만 하얗게 얼어 있다

날개가 있어 높이를 갖는 게 아닌
새는, 오래전 아문 옆구리를 들쑤시는
그칠 줄 모르는 바람기,
팽팽한 수평의 날개를 홰쳐
푸른 하늘로 치솟았겠지
높이와 넓이가 하나 되는
지평선의 노래도 꿈꾸었으리

그 바람에 흩어진 노래
지금 눈발에 실려, 눈발 짙어져
앞뒤를 지우는지 몰라
구획되지 않은 처녀지로
들은 새하얀 하게 다시 열리고
목 놓아 울던 바람 잠잠해지니
길을 잃고도 방향을 묻지 않는다

저수지에 던진 그 많은 돌멩이는 다 어디로 갔을까

1

저수지를 맨발로 건너는 이가 있다고 했다 소식을 듣자마자 한달음에 달려갔다 그는 보이지 않았다 침묵만 고여 있었다 그는 왜, 저수지의 수심水深 대신 굴절된 잣대로 자신의 수심愁心을 재려 했을까 몇 날 며칠 물수제비를 띄어 봐도 한 점 두 점 세 점…… 말없음표뿐 답은 떠오르지 않았다 번번이 가라앉기만 했다 돌멩이를 던지며 수심의 깊이를 묻다 지친 손가락마다 그가 새겨 놓은 지문이 파문으로 남아 있었다

가문 날이 계속되자 결국 저수지는 바닥을 드러냈다 쩍쩍 갈라진 밑바닥을 샅샅이 훑어봐도 허옇게 배때기를 드러낸 주검들만 보였다 물고기가 됐을 거란 그는 어디에도 없었다 함께 물고기를 찾아 나선 물새마저 떠나 버렸다 어지럽게 찍힌 물새 발자국으론 날개의 행방을 가늠할 수 없었다 발길에 돌멩이들이 채였다 주먹만 한 돌멩이를 주머니에 넣고 다니며 물고기가 생각날 때도 물새가 생각날 때도 꺼내 보았다

2

사흘 밤낮을 장대비가 내렸다 빗물은 만수위를 이루고 무넘기로 넘치며 소용돌이쳤다 흙탕물이 가라앉기까지는 더 많은 날이 필요했다 명지바람이 불던 날 한 무리 사람들이 물고기를 놓아주고 갔다 미처 방생을 준비 못 한 탓에 주머니 속 돌멩이를 꺼내 놓아줘야 했다 이따금 긴 물뱀이 저수지를 가로질러 오는 것을 목격하기도 했다 그런 날은 지느러미가 돋았는지 날개가 돋았는지 물속 돌멩이를 종일토록 들여다보았다

서풍이 불기 시작하자 저수지를 배회하는 날이 잦았다 물새가 돌아올 것이라 했나 눈부신 황금빛이 잔잔한 수면을 들어 올렸다 내려놓곤 했다 하늘을 엿본 물고기에게 그 깊이를 묻고 싶었지만 부질없는 돌멩이 따윈 던지지 않았다 왜, 철새가 돌아와도 고향이 아니라 도래지라 부르는 것일까 물새가 날아들고 오래지 않아 얼음이 얼었다 얼음을 딛고 저수지 복판까지 가 보았다 그렁그렁한 눈망울의 물새가 맨발로 거기 서 있었다

벽에 관한 몇 가지 기억

– 담쟁이1

벽을 오르고 있었다
주저앉았던 자리에서 무릎을 세우고
벽을 기어오르는, 그것은
스스로 화살표가 되어
가야 할 곳을 가리키고 있었다
목마름은 중력처럼 아래로
자꾸 지친 팔을 끌어당겼지만
자일도 없이 맨손으로 조금씩
줄기차게 꼭대기를 향하고 있었다
벽은 오르는 순간부터
더는 갇힌 공간이 아니라
타고 넘어야 할 시간이었다

벽에 관한 몇 가지 기억

– 담쟁이2

바람에 흔들리다 꺾일지라도
땅을 딛고 서야 했다
무엇엔가 의지하지 않고는
온전히 설 수 없는
만성蔓性의 몸이 기댈 곳이란
그토록 벗어나기 위해 몸부림치던
벽밖에 없었다
다시 벽을 끌어안자
벽이 말없이 상처를 내보이듯
수많은 잔금을 보여줬다
벽을 지탱하고 있던 것은
높이가 아니라 두께였다

개정 증보판

등산로를 벗어난 오솔길
끈적한 거미줄이 얼굴에 감긴다
바람의 여울목에 설치해 놓은
자리그물 송두리째 찢겨 버렸다

상수리나무에 밧줄을 건다
지금껏 끌고 온 길이
기다랗게 가지에 걸린다
이제 부은 발의 신발 벗겨 내면
더는 팍팍한 발자국
남지 않을 것이다

허방을 친 거미가
다시 허공을 오른다
저 허공 어디에 길이 있는 것일까

한 코 한 코
찢어진 그물을 꿰매며

거미가 지나간 자리마다
새로 그려 놓는
개정 증보판 지도 한 장
눈부시다

뻘밭

헤어날 길이 없다
한 발을 떼면 다른 한 발이 빠진다
어쩌다 이 지경에 이르렀는지
되돌아보는 발자국 이미 메워지고
물기 고여 그렁그렁하다

벗겨진 신발 한 짝씩 손에 들고
파산의 구렁 같은 뻘 바닥
바지런히 오가는 뭇 것들 본다
난파 조각 같은 널배 밀며
꼬막 캐는 아낙 닮은 저 몸짓!
배를 깔고 기어 다니는
칠게 밤게 짱뚱어 민챙이 고둥 가무락 갯지렁이…
지나간 자리마다 길게 이어진 길,
저렇듯 맨바닥에 가슴팍 대고
끌어안듯 밀고 간다면
길은 어디에도 있겠다

석양에 반짝이는 숨탄것들의 길
한 줄 한 줄 되짚으며 밀물진다
발을 씻는다
이제 다른 곳으로 갈 것이다, 그곳이 어디든
길은 늘 바닥에 놓여 있을 테고
신발들은 길 위에서 닳을 것이다

관계

살림에 보태겠다고 아내는
찜질방에 밤일을 나간다. 그날 이후
우리 부부는 아침에 관계를 가진다.
내가 막 잠에서 깨워 난 직후
아내가 막 잠들기 직전
해와 달이 겹치는 짧은 순간 관계를 가진다.

관계란 말은, 이제
시도 때도 없이 일던 불꽃이 아니다.
서로가 서로에게 이르러 닿는 것, 하여
침대 곁 핸드폰과 충전기는
밤새껏 불을 밝히고 관계를 가진다.
내 차는 연료가 바닥날 때마다
코를 찌르는 암내를 풍기며
주유기와 관계를 가진다.

아내 말에 따르면
탕에서는 물때가 끼어 락스를 쓴단다.

온몸이 가렵고 등이 빠개질 듯 아프단다.
그래도 꿈을 접지 않는다. 아내는
어쩌면 완전한 변태를 생각하는지 모른다.
어깨를 주무르다 보면 열개선裂開線*이 보인다.
아내는 지금 탈피하려고 버둥거리는 것이다.

오늘은 창백한 낮달이 떴다.
지금쯤 아내는 우화를 끝내고
물기 마른 날개로 꿈속을 날고 있을까
불현듯, 관계를 갖고 싶다.
하지만 이때쯤이면 힘이 부치듯
핸드폰 배터리가 없다.
퇴근할 때는 주유소도 들러야겠다.

* 열개선裂開線 : 나비는 우화羽化할 때가 되면 등이 갈라지도록 열개선이 세로로 나타난다.

귀갓길

제한속도보다 빠르게 내달던 길이
희망일 때가 있었다, 하지만
지금은 되돌아가야 하는 길

신호가 바뀌기를 기다리는 동안
겹겹의 능선 너머 해 떨어지고
뜨거운 것이 한 덩이
목울대를 타고 넘어간다
잠시 피로한 눈을 감으면
막걸리와 고등어와 눈깔사탕의
아버지, 지금 돌아오고 계신다
땀 냄새 밴 몸으로, 가슴속 불덩이
담배 몇 개비로 삭이고 돌아와
방마다 백열등 켜듯
환하게 웃음꽃 밝히던 점등인

전조등을 켜자
하루살이들 몰려든다

캄캄할수록 더욱 환한 불빛 속
내 돌아가야 할 길 오롯하다

동백꽃 수혈

가성빈혈이란 진단을
가릉빈가*로 잘못 들었다
히말라야 설산 넘나드는 공작새를 보았다, 하니
햇볕을 쬐지 않아 헛것이 보인단다

처방전이 나오길 기다리는 동안
팔만 사천 가지 생각 떨쳐 버리려
죽지를 퍼덕거려 본다
이대로 주저앉을 수는 없다
밑바닥 없는 배로
구멍이 없는 피리를 불며
해인海印에 이르러야 한다
연거푸 심호흡해 본다

먼 데서 피리 소리 들려온다

빈혈이든 빈가든 약이 없단다
하루쯤, 아니면 1박 2일쯤

오동도나 선운사에 다녀오란다

동박새가 채혈한
피주사 한 대 맞고 오란다

* 가릉빈가迦陵頻伽 : 불경 속 상상의 새. 극락정토의 설산雪山에 살며, 머리와 상반신은 사람의 모양이고, 하반신과 날개·발·꼬리는 새의 모습을 하고 있다.

아프고 난 날

빌딩 모퉁이로부터 불어오는
각이 진 바람이 한 움큼씩
기침을 뱉어 내면 저녁이 오고
먼 길 돌아온 이들
하루 동안의 이야기 들려주듯
창문마다 불 밝히면
쿨룩쿨룩 별이 돋는다
누구도 대신할 수 없어
다들 각자의 꿈을 꾸며 잠든 밤
외따로 내다보는 창밖
제 발밑 비추며 밤도와
혼자 걸어가야 할 가로등
둥근 눈시울이 붉다
가슴의 통증을 끌어안은 채
수긍하는 자세로 쪼그리고 앉아
어둠에 어깨 맡기고 오래 있다 보면
환할 때는 보이지 않던 사물들이
위로처럼 말 걸어온다

아침이란 어쩌면
어둠이 품었던 것들의 이름
다시 제자리로 돌려보내는 게 아닐까
모처럼의 깊은 잠 속으로 누군가
걸어 들어와 내 이름 부르며
가만히 이마를 짚는다
아, 부신

어떤 진화론

걷기가 힘들다
수직이던 허리가 수평으로
수평이던 발바닥이 수직으로 바뀌어
MRI 촬영기 속으로 밀려들어 간다
아득한 태초의 동굴이다
촬영기사가 한 컷 한 컷
혈거시대를 조명하여
직립의 연대기를 발굴하는 동안,
털북숭이 낯선 사내를 따라
활과 살을 들고 동굴을 나선다

들소를 겨냥한 화살이 방향을 잃었다 다시 방패를 들었을 땐, 찢긴 고깃덩이만큼씩 땅 위에 금이 그어지고 울타리가 처지기 시작했다 사냥감은 부위별로 그 맛이 달랐으므로, 입에 맞춰진 말들이 생겼다 말들 이전에 부족마다 신령스런 문장紋章이 다르고, 무리 중 으뜸인 자와 뿔에 찍힌 자의 생각이 달랐겠지만…… 마디마디 통증의 퇴적층을 들춰 단말기에 탁본해 낸 진화의 흔적

이란, 살점 하나 붙지 않은 뼈다귀에 지나지 않았다

의사는 활처럼 휜 등뼈를 가리키며
누구를 겨냥했는지 묻는다
뼈에 사무친 갑골문을
다 판독해 냈다는 것일까
숭숭 구멍이 뚫린 뼈마디에
바람을 불어 넣으면
애끓는 피리 소리 들릴 것이다
뼛속으로 바람이 지나간다
죽지를 퍼덕이자 몸뚱이가 들썩이고
발이 땅에 닿지 않는다

그 겨울, 연날리기

계절풍이 분다
또, 누가 아문 옆구리를 들춰 혁명의 기치를 올리는지
늑골이 시리다

날개가 있어 나는 게 아니다!
얼레의 만류를 뿌리치고 한 가닥 연줄마저 끊어 버린
그 겨울의 구호
전깃줄에 높은음자리표로 내걸렸다

해 질 녘, 연이 걸린 전선 위로
새들이 가볍게 내려앉는다
날개란 날아오르기 위한 것만이 아니라
사뿐히 내려앉기 위한 것임을 보여 주듯이

허공의 선로 위에서
먼 곳을 응시하는 새들에겐 하나같이
연줄처럼 가느다란 발이 매달려 있다

새는, 왜 날개를 얻고도 시린 발을 버리지 않았을까
새삼 난다는 의미를 일깨우며
고압의 전류가 저릿저릿 온몸을 지나간다

활시위처럼 켕겨진 전깃줄에 앉아
바람이 불 때마다 들썩이던, 가오리연 하나
문득 붉은 해를 향해 솟구쳐 오른다

화살촉이 관통한 과녁 주위
노을 낭자하다

저물녘 강가를 거닐면

내 안의 그늘진 곳으로부터
바람이 불어와
잔잔한 수면에 결들을 일으켜
옷자락 머리칼 흔들다 풀잎들 헤집어
숨겨져 있던 뒤편을 들춰 보인다
새삼 드러내지 않은 것들을 생각하다
스스로 물음 하나 팔매질하면
답은 떠오르지 않은 채 무겁게 가라앉고
물결은 발밑까지 밀려와 찰싹인다
이제는 강물이
풍경을 담아내기에는 늦은 시간
가 보지 못한 건너편을 바라다본다
강 건너 이쪽에 선 나는
가끔 또 다른 배경의
강 건너 저쪽에 서고 싶어 했다
물안개 피어오르는
저 강심의 깊이 알 수는 없지만
흘러 흘러 결국 바다에 이르리라

강을 따라 걷는다
혼자 걸을 때 비로소 또렷이 들려오는
발걸음 소리에 귀 기울이면
길은 강을 따라 굽이져 휘어 있고
그 끝은 어느덧 그리운 것들을 향해 있다

삼거리

사람들은 잘 모를 거야
대교大橋 막 건너 삼거리
버스정류장 뒤 산수유나무 있다는 걸
심술궂은 강바람이 이따금 치마를 들치면
계집아이들 까무러치고 그때마다
산수유나무 깜짝깜짝 각질 벗는다는 걸

우리가 기다리던 것들은, 버스처럼
더디게 와서 빨리 지나갔으므로

한 무리 바람
윗녘으로 몰려가고, 또 한 무리
아랫녘으로 몰려가고
아차, 그만 난 방향을 잃는다

돌이켜 보면, 길을 잃고 헤맨 건
갈래가 많아서가 아니라 가 보고 싶은 곳이 많아서였다

제각각 행선지로 버스는 떠나가고
산수유나무 겨드랑이 간질이던 햇살은
아지랑이 꼬드겨 강둑을 넘고
나는 실없이 안면 근육이 실룩거려
혼자서 노란 웃음 흘리고 서 있다

누군가 손 잡아 주었다

경내나 둘러보려 찾은 미황사
내친걸음이 등반길 되었다
변변한 준비 없이
기다시피 암벽길 오르다
가쁜 숨 고르며 보았다
힘겨운 비탈 오르내리는 이들
미끄러지지 않고 넘어지지 않게
기꺼이 자신을 내주고 있는
반질반질 윤기나는 나무 껍질
그 고마운 손

그날 밤, 쥐가 나 자다 깨어
알이 밴 다리 주무르며
생의 오르막과 내리막에서
나를 붙잡아 준 손
그동안 잊고 지낸 손
하나하나 헤아려 보았다

제3부

내 안의 섬

그 섬엔
순한 눈망울의 목이 긴 사람들이 있다
먼 곳에 눈길 준 새들이 그러하듯

섬 밖으로
고개 내밀어 바라보는 응시凝視

바람이 없이도 물결은 출렁이고
섬들의 발은 늘 그리움으로 젖어 있다

벌초

1
낫을 간다

무릎 꿇고
물을 축여 숫돌에 녹슨 날 벼른다

낫 놓고 ㄱ자도 모른 당신 모양
ㄱ자로 허리 굽은 황새낫
길쭉한 숫돌에 갈다 보니
문득 칼 도刀자 떠오른다

어쩌면, 낫은 칼이 되고 싶지 않았을까

서슬 퍼런 날을
엄지로 가늠해 본다

2

풀을 벤다

무릎 꿇고
이런저런 핑계로 우거진 무덤 벌초한다

서리하게 벼린 날로 꼴 베어
뿔 달린 짐승 달래 가며
우직하게 땅만 일군 농투성이
풀물 든 손 생각한다

왜, 낫은 날을 안쪽으로 구부려 놓았을까

낫질을 할 때마다
나를 향해 날이 달려든다

3

절 올린다

무릎 꿇고
동안의 안부 여쭙고 술 따른다

가슴속
날카로운 날과 뾰쪽한 뿔 대신
늘 자루와 고삐를 잡도리하던
그 마음 헤아려 본다

진정, 낫과 황소와 아버지는 아무렇지 않았을까

서쪽 하늘에
낫인 듯 뿔인 듯 걸린 눈썹달

아득한 길

낯선 마을 어귀에서
길을 잃고 바라보는
느티나무 지도 한 장

가지가지 갈래길
더듬어 따라가면
어느덧 뿌리까지 이어져
물동이 이고 오는
어머니 모습 보이고,
그 길 끄트머리
저물녘 대문에선
밥 묵어라~!
어릴 적 이름
부르는 소리 들리고,
보리밥에 겉절이
둥근 양푼에 비벼
빙 둘러앉으면
어느새 입안 가득

단침 고인다

새 가지 뻗을 때마다
뿌리로부터 멀어진 길,
아득한 그 길을 따라
가닿고 싶은 곳 있는 게다

마음의 도래지

순천만 용산에 올라
드잡이 바람 피해 갈대밭 깃들이는
철새 무리 망원 렌즈로 당겨 본다

갈대를 지탱하는 것은
손바닥 베이는 날 선 잎이 아니라
질기게 딸려 나오는 땅속줄기라는,
마디마디 염생鹽生의 세포마다
눈물같이 소금기 배어 있어
개펄에도 뿌리내릴 수 있다는,
인솔자 설명 들으며
아득히 눈길 준 거기

갈대 울 둘러친 비좁은 둥지 속
철딱서니 없는 새끼들 솜털에
어엿한 날개 달아 멀리 날려 보내고
덩그런 고향 집,
명절이다 생일이다 잠깐씩

이우는 갈대의 눅눅한 처소에 들러
허리 꺾여 누운 골다공증
쪼그리고 앉아 들여다보는
철새들의 젖은 눈망울이 있다

다시 먼 길 떠나야 할
아득함에 사무친 철새 울음소리 가득한
만灣의 어디쯤,
내 마음의 도래지가 있긴 있는 것인가
혼자 묻는 것이다

추석秋夕

햇볕이 참 따사롭습니다

어릴 적
이마며 어깨를 쓰다듬던
아버지 손길입니다

기울던 해가 한 번 더
허리 굽혀
온 들을 어루만집니다

바람에 어둠이 묻어옵니다

이삭들은 바람의 말을
다 알아듣는 듯
고개를 끄덕끄덕합니다

구붓한 길이 어두워 와도
서둘 것 없이

참으로 넉넉합니다

이제 곧 달이 뜰 것입니다

동백나무 숲 하안거

장맛비 같은 노친네 지청구 듣기 싫어
배롱나무꽃이나 보자고 찾아든 백련사 어귀
동백나무 숲은 하안거에 들었나 보다
땀을 가시며 둘러보는 동백나무들
탱탱한 열과裂果 화두로 매단 채
이파리 하나 까딱 않고
묵언 정진 중이다

나 또한 나름의 생각에 잠겨 보는데
느닷없이 내리치는 죽비!
거세게 쏟아지는 소낙비
높은 가지의 잎들이 먼저 받아 낸다
기세 좋던 빗줄기 땅에 부딪히기 전 한풀 꺾이자
떨어져 쌓여 있던 잎들이 마저 받아 낸다
그 조화로 흙 패지 않고 뿌리 드러나지 않아
숲은 청청해 가는 것인데, 난 무슨 염치로
화사한 배롱나무꽃만 보려 했던가
혼자서 자자自恣한다

숲을 나와 대웅전 오르다 마주친, 노보살
돌아가신 부모 위해 백중百中 공양 왔다는
쭈글쭈글한 염화미소 대하고
황망히 가슴에 두 손 모은다

이깟 그깟

선거철 입후보자들
재산등록 명세서 살펴보다가
아내와 함께한 이십 년
대차대조표 작성해 본다.
이십사 평에서 담보대출 빼고
천팔백 씨씨에서 할부잔액 제하고
열한 개 통장 탈탈 털어
더하고 빼고 곱하고 나누고 남은
이깟, 천만 원 모으려고……
더 말 잇지 못한 채 잠든 날, 아침
팔순의 아버지 식사하다 말고
광주 쪼깐 다녀올란다 하신다.
뭐 하 시 게 요?
노인정에서 그란디, 공짜로 이발해 준 디가 있단다.
동 네 이 발 비 는 얼 만 데 요?
오천 원이제!
버 스 비 는 요?
이천 원잉께, 천 원 돈이 안 남냐?

그깟, 천 원 하려다
조 심 해 서 다 녀 오 세 요!
하고 만다.

상처를 봉하다

– 평토제平土祭

다홍의 비단 돛에
은박으로 이름 새긴
쪽배 한 척 떠나가네

불러도 불러도
사공은 대답이 없네
이미 가는귀먹은 지 오래고
너무 곤한 잠이 들었으므로

내 이름 지어 줬네, 그가 그랬네
그 이름 연필심에 침 묻혀 꾹꾹 눌러썼네, 뭉툭한 심을 깎다 손가락 베이기도 했네
약을 바르고 입김 불어넣어 헝겊으로 봉해 줬네, 그랬었네

불러도 불러도
다시 돌아오지 않을 것이네
강물에 띄워 보낸 종이배처럼

검정 고무신처럼

내 이름 불렀네, 그가 그랬네
열 뜬 이마에 물수건 얹어 주며 밤새 머리맡에서 불렀네, 꿈결잠결 귀에 대고 불렀었네
이젠 내가 그의 이름 부르네, 목이 쉬어 부르네

두 손에 움켜쥔 밧줄 못 놓겠네
차마 놓지 못하겠네
발아래 상처가 너무 깊어서
봉해 드려야 할 상처가 너무 붉어서

상처가 저리도 크고 깊은데
발라 드릴 약이 없네
상처 덧나 잠 깨여 뒤채지 말라고
고작 뗏장 덮어 봉해 드리네

흔들의자가 있던 자리

그의 시선은 유리창 너머
어느 한때에 머물러 있다
굳게 닫힌 창문처럼 우두커니
그는 말이 없고
낡은 카세트테이프 혼자서
일련의 흘러간 노래를 반복하고 있다
여운으로 남은 햇살이
의자를 한참 흔들다 간다
아직 온기 있어 따뜻하다
바라다보이는 산은 초록이 지워지고
이제 나무들은 보이지 않는다
새 한 마리 숲에 깃들지 않고
풍경을 가로질러 건너간다
어디로 가는 것일까
띄엄띄엄 지팡이에 의지해
걸음을 옮기는 실루엣이
왈칵, 노을로 번지고
분명하던 하늘의 경계가 흐려진다

휘장을 두르듯 시나브로
짙어 오는 어둠의 배경에서
문득문득 별이 뜨기 시작한다
투명하게 박히는 사금파리
명치 끝이 아리다

녹슨 슬픔

어떤 제의祭儀도 뒤늦은 것이라서
무릎은 꺾일 수밖에 없는가

허물어진 봉분 걷어 내고
육탈된 뼈들을 수습하다 발견한
푸주한의 칼 한 자루

숨탄것을 도살하고 난
무쇠 칼의 핏기와 비린내를 물로 씻어 놓으면
뚝뚝 칼이 흘리던 녹물, 보인다
칼이 지나간 자리마다 남았을 상처의 길

화살촉 같은 손가락질 등에 꽂힐 때마다
움켜쥐었을 손잡인 삭아 내리고
날도 끝도 문드러진 슬픔 덩어리 받아 든다

움파인 숫돌에 비손하여 벼린 날로
제물의 살점만큼씩 가슴을 도려냈을, 그

녹슨 유산에 멱을 찔린 매지구름이
기어이 참았던 눈물 떨군다

씻골이 끝나자 드러난 잔금들
사무쳐 읽을 수 없는 갑골문, 어루만져 본다
차갑고 딱딱하고 가볍디가벼운
형해들 꿰맞춰 다시 뉘어 드린다

훌가분 훌가분 잠이 드시라!
소지燒紙 오른다

귀가 가렵다

낮이면 꽃 피고
밤이면 별 뜨니
귀가 가렵다

쫑알쫑알 산수유꽃 술 좀 작작 먹으란다. 삐쭉삐쭉 개나리꽃 제발 담배 끊으란다. 신물 난다 신물 나 청매 홍매 눈 흘긴다. 오늘 아침엔 목련꽃 봉오리 뾰로통하더니, 급기야 밤하늘 그득 왕소금만 한 별들 뿌려 댄다. 애들 학원비가 얼만지 아느냐. 입고 나갈 옷 한 벌 있는지 아느냐. 바가지 모양 북두칠성 늘 그 자리 걸려 있다. 농담하자는 거예요? 당신은 그렇다 치고, 당신 아버지는 왜 또 그러는데? 나도 이렇게는 더 못살아! 살쾡이자리만 또렷할 뿐 처녀자린 찾을 수 없다. 애당초 별을 헤아리는 건 무리였다. 다 당신 생각해서 하는 소리라고, 잦아들고 남은 샛별 하나 이슬 맺혔다. 밤새 목련꽃 폭발음 없이 피었다.

저 만발한 잔소리들!

귀를 후비자

금 부스러기 떨어진다

이정표 없이도

이정표가 가리키는 풍경 따라
굴곡진 길을 흔들리며 달려온
각양각색 삶들이 곰소에 이른다
곰삭은 젓갈들 꼼꼼히 고르며
나름의 세월을 맛보는 동안에도
썰물의 개펄에 닻을 내린 어선은
습관처럼 깃발을 흔들어 설렌다

켜켜이 퇴적된 지층도
한순간 무너져 내리면 저렇듯
막막한 절벽이 되는 걸까
먹구름 몰리는 채석강에서
비릿한 바다를 쑹덩쑹덩 썰어 놓고
벌건 노을을 찍어
몇 잔 소주를 거푸 털어 넣는다
밀물에 쫓겨 가파른 계단 오르며
고성능 줌 렌즈에 포착된 오늘은
어떤 화석으로 남을까 생각한다

전나무 숲 물기 머금은 바람에 떠밀려
내소사 꽃창살무늬 보진 못하고
되돌아오는 버스 안
저마다 애창곡 목이 쉬도록 불러도
가슴 밑바닥은 끝내 드러나지 않는다
잘 가라는 인사를 끝으로
제각각 일상으로 돌아가는 길
어두운 빗속 이정표는 보이지 않지만
아무도 제 갈 길 묻진 않는다

인사동 소풍

강남터미널에서 지하철 삼 호선 타고
인사동까지 오는 데
사십오 년 걸렸다면
내 말을 믿어 줄까?

바람이 펼쳐 보이는
골목골목 보도블록처럼 널린
물건들 사람들 풍경들
저, 사방에 널린 시詩들!
눈길 주지 않아 시가 되지 못하고
마음 닿지 못해 저것들이 돼 버린
시집을 밤새 읽다가

시인은 돌아가고 웃음만 남은 찻집에서*
대추차가 진하게 우러나길 기다리는 동안

사람에 취해 마신 탓에
해장국마저 마다하는 속이

전세금 몽땅 떼였을 때보다 쓰라려도
잘한 일이라고, 올 한 해
나팔꽃처럼 목젖 드러내 놓고
스스럼없이 웃을 수 있는 사람
백 명쯤 사귀기로 마음먹은 걸
참 잘한 일이라고, 생각하기까지
사십오 년 걸렸다면
고개 끄덕여 수긍해 줄까?

* 찻집 '귀천'.

홍어 장수 김 씨의 봄

영산포 선창가
홍어 냄새 코를 찌르는
김 씨네 '홍어 1번지'
스무 평 남짓 뒷마당

무슨 냄새다냐
쏙닥쏙닥 산수유꽃 피고
글쎄 말이여
쫑알쫑알 개나리꽃 피고
어지간하구먼
살래살래 살구꽃 피고
그러든지 말든지
활짝활짝 벚꽃 피고
모르는 척
어흠어흠 목련꽃 피고
왜들 저런다지
빵긋빵긋 수선화 피고

햇발 좋은 툇마루에 걸터앉아
홍탁 두어 사발로
늦은 점심을 때운 김 씨, 왈
아따, 꽃 냄새 한번 조오타!

이웃

오래된 수도를 고쳤다
위 아랫집으로 길게 이어진
배관 따라 화단 흙을 파다 보니
거치적거리지 않게 떨어져 서 있는
벚나무 살구나무 산수유나무 뿌리들
얽히고설켜 있었다

삽날에 찍힌 뿌리마다
서로 다른 향내가 났다

제4부

Free as the Wind*

눈이 퍼붓던 밤
나는 이감되었다

고드름 둘러친
처마 밑 감옥

몇 번째인지 기억조차 없이
2014호실에 수감되었다

탈옥을 시도할 때마다
벽은 두꺼워지고 높아 간다

나는 누구도 죽이지 않았으나
인생을 허비한 죄로 이미 유죄다

악마의 섬에 안주하려는
친구, 드가(Dega)여!

오늘 밤도 나는
나비를 가슴에 품고 잠이 든다

여기저기 도사린 암초들 너머
일곱 번째 파도를 기다려

거친 시간 속에
바람처럼 가볍게 몸을 던질 것이다

* Free as the Wind : 영화 〈빠삐용(Papillon)〉의 주제곡.

모래시계

쉼 없이 흘러나오는 모래알 같은
시간은 어디로 흘러가는 것일까

한번 발을 들여놓으면
빠져나올 수 없는, 생生을 횡단하기 위해
물기 없는 모래로 만들었다는 모래시계,
사막의 또 다른 이름

타박타박 사막을 건너가는 낙타의 모습이 보인다

누구도 선뜻 발을 들여놓지 못한 타클라마칸
가도 가도 삭막한 곳에
이름도 아름다운 비단길을 개척한, 낙타는
사막 어딘가 샘이 있다는 말을 끝끝내 믿었다는
데……

몇 번을 뒤집어 본들
물 한 방울 없는 모래만 흘러나오는

걸어온 길을 되새김할 때마다
어금니에 모래가 지금거리는, 팍팍한 삶

그냥 확!
던져 버리고 싶은
하지만, 가만히 다시 뒤집어 놓는

뫼비우스에게 길을 묻다

한 번의 만남을 위해 네가 오는 길목에 붙박이로 멈춰 선, 고장 난 시계를 차고 다닌 적 있었다

눈석임물 흘러드는, 삼월의 반 비스제*

잎이 시들고 나서야 꽃이 피는 만큼의 시차로, 늦은 달이 뜨고 이른 아침이 온다

쩡쩡, 얼음장 갈라지는 소리 들린다

사금파리 모양의 조각들, 강파른 입술 깨물어도 속울음 새어 나온다

너의 마지막 말을 떠올리며, 오래된 질문을 던질 때마다 시리게 물결이 일렁인다

첫떨림을 간직하고 있던 손목의 기억을 풀어 놓은 수면에, 노을 흥건하다

이제 아득한 사과꽃 지고 울울한 슈발츠발트**로 저녁이 오면, 네게로 가는 길을 찾지 못할 것이다

–난, 길을 잃은 게 아니야
–난, 떠나지 않았어

아침마다, 잠을 깨우는 갈까마귀 소리

왜, 모든 길은 떠나온 곳으로 이어져 있는가!

너를 떠나, 다시 네게로 돌아가는

시작과 끝, 없는

* 받 비스제(Bad Wiessee) : 독일 바이에른 지역 남부에 있는 호수 주변의 휴양 도시.

** 슈발츠발트(Schwarzwald) : (침엽수의) 검은 숲.

이별에의 강요*

그렇다면 나에게 길을 알려주시겠습니까

여기 있는 두 점 A와 B를 잇는 선분을 예로 들어

방향성을 갖는 유향선분有向線分의 거리를 구하는 공식은 어떤가요

내 손을 아무리 길게 뻗어도 당신의 마음에 닿지 않을 때라면

저 선분 위에 찍힌 무수한 점은 방향을 묻고 있는 중입니다

울울한 근심은 짐작보다 깊습니다 창창한 걱정은 생각보다 얕습니다

눈물을 가장 많이 흘린 사람은 누구입니까

당신 때문에 샘이 말라버렸습니다

마침표 없는 문장은 일기장 속에 어질러졌습니다

입안에 갇혀 있던 말들이 튀어나와 불확실한 추측을 부추긴다면

새어 나오는 울음이라도 막아주세요

나의 의문이 다시 한 곳에 가 닿습니다

이 세상에서 가장 슬픈 시를 쓴 사람은 누구입니까

한마디도 하지 않은 당신 때문에 답을 알 수 없습니다

아직 한마디도 하지 않은 당신이 아, 눈길만 선네요

마음은 습관적으로 불안합니다

* 조말선의 「깊이에의 강요」 어법을 빌어.

느티나무 적멸보궁寂滅寶宮

그의 아비는 창호나 가구를 만들던 소목小木이었다 한다. 어느 해 여름, 폭풍우에 허리 꺾인 아비가 쓰러진 마을 어귀에 터를 잡고 그가 뿌리내렸다 한다. 될성부른 나무는 떡잎부터 알아본다고, 그의 품새는 아비보다 사뭇 빼어나 다들 대목大木이 될 거라 했다 한다.

비가 오나 눈이 오나 바람이 부나, 그는 주춧돌을 놓고 기둥을 세우고 서까래를 얹고 기와를 이어 가며 불사에 몰두했다 한다. 애고, 어느 천년에 저 불사를 다 이루겠누? 몇 무리 장삼이사가 혀를 차며 지나가도 그는 묵언으로 일관했다 한다. 글쎄, 저리 큰 불사를 혼자서 일으켰나시 뭔가! 더러 신심이 돈독한 보살들이 시주를 받치기도 하였으나, 그는 자전에도 없는 어룽어룽한 문자들을 경전인 양 펼쳐 보일 뿐, 설법 한번 한 적 없었다 한다.

새들이란 날개만큼이나 가벼운 부리를 가진 족속인지라, 조잘조잘 하나둘 소문을 물어 나르기 시작했다 한다.

급기야 문화재청 조사팀이 찾아오고, 야단법석에 모여든 인구人口들은 불사를 두고 말들이 난분분했다 한다.

아니나 다를까, 절의 기왓장은 밤하늘 별만큼 많으며 서까래는 팔만 사천 개나 되고, 배흘림기둥은 장정 여남은 팔을 벌려야 닿으며 주춧돌은 집집의 구들 밑까지 뻗어 있다고, 운을 뗀 건 허풍선이 할멈이었다 한다.

이어, 마을에 변고가 있을라치면 범종을 울려 먼저 알렸다느니, 그 불전에 치성을 드려 효험 못 본 이가 없다느니, 이러다 노염을 사 해코지라도 하면 어쩐다느니, 어금지금 이구異口들이 뒤를 따랐다 한다.

그런 건 전설의 고향에나 나오는 얘기며, 설계도도 없는 대불사를 구실로 불상조차 모시지 않은 채, 금줄을 두르고 사람들을 현혹하다 벼락을 맞았으니 이번 기회에 우산각을 세워야 한다고, 목청을 돋운 건 새마을 지도자였다 한다.

그때 흰 두루마기 노인이 나서더니, 불상을 모시지 않았다 했는가? 자네가 뭘 잘못 알고 있는가 보네만, 부처님 진신사리를 봉안한 곳엔 불상을 모시지 않는 법이네! 라며, 짚고 있던 청려장을 들어 구새 먹은 밑동부리 속 돌무더기를 가리켰다 한다. 저것들이 보이는가? 어느 하나 저절로 굴러들진 않았을 터, 저들에 담겼을 비손의 간절함을 생각해 보게나. 돌아가신 자네 모친이 모셔 놓은 것도 한둘은 아닐 걸세. 이렇듯 마음을 비워내지 않고서야 어찌 우리 무지렁이를 건어안아 줄 수 있었겠는가? 나무, 적멸궁! 나무, 적멸궁! 노인이 합장을 올리자, 휑뎅그렁한 궁宮에서 환한 빛이 새어 나와 다들 눈을 뜨지 못한 채 머리를 조아렸다 한다.

여시아문如是我聞, 독자여. 하지만 그 푸른 절을 찾으려 들지는 마시라! 그날 이후 홀연 절은 사라지고 돌무더기만 남았으니.

한 줄로 쓰인 슬픈 시詩

제발, 도망치지 마! 그러면 목을 조를 수도 있어. 오랜 시간 네가 올 길목에서 기다렸거든. 손발을 묶진 않겠어. 조금만 참으면 돼. 네 영혼은 곧 자유로워질 거야. 약속할게. 널 처음 본 순간 직감했어. 네 할미의 더운 피가 실핏줄까지 흐르고 있다는 걸. 떨고 있구나. 내 문신 때문이니? 잘 봐, 이건 꽃무늬야. 너무 겁먹지 마. 널 때리거나 상처 입히진 않을게. 다만 널 부둥켜안고 흠씬 땀 흘리고 싶어. 어떤 체위가 좋을까? 내 하얀 독으로 네 죄를 사하여 줄게. 이제 준비됐지. 자, 어때?

이러는 내가 나도 싫어. 너도 알 거야. 난 혓바닥이 두 개라 한 입으로 두말할 때가 있어. 그렇다고 누굴 헐뜯거나 찢어발기지는 않아. 다만 내 서늘한 피가 누군가 따뜻한 체온을 원할 뿐. 허리띠가 되어 네 몸에 친친 감길까도 생각했어. 그러나 어쩌겠니. 입안에 침처럼 자꾸 독이 고이는 걸. 나도 이 징그러운 자자형刺字刑을 지우고 싶어. 하지만 풀잎의 이슬로는 씻어지질 않아. 찔레 가시에 허물을 벗겨 두고, 이렇게 발밑을 길게. 손

발이 닳도록 용서를 빌게. 그러니 제발, 돌멩이만은 던지지 마!

장미의 배경

무수한 입과 혀가
너의 이름을 부르면서부터
너는 지상을 떠난 허공에
꽃을 피우기 시작했다
배경이 없는
한 송이 극명한 색!
누구나 꽃의 이름만 물었으며
꽃의 향기만 기억했다
탐스러운 꽃이 피기 전
잎이 돋았던 것처럼,
푸른 하늘과 투명한 햇살
우연이든 필연이든
꽃을 흔들고 가는 바람까지도
너의 배경이었다
줄기는 담장 따라 뻗어 가고
뿌리가 땅속 깊이를 더할 때
허공에서 순간을 머물다간, 꽃은
피는 순간부터 시들기 시작했다

생각을 앞지른 계절이 당도하자
드러나지 않은 너의 배후에서
꽃보다 많은 가시가
피 흘릴 가슴을 겨누고 있었다

맹물 씹어 먹기

굿모닝!
어떤 나라에선 아침 식사를 단식을 깨뜨리는 것이라 한다지*

자는 동안의 짧은 단식을 풀고 다시 식사를 재개하는 것
그런데 밤사이 단식만 하는 것이 아니라는
단수도 한다는, 가정의학 전문의 말
아침 소변이 유독 노란 것은 그 때문이라지

좋은 아침!
진정한 아침 식사는 물로 시작하는 것
한 모금씩 천천히 맹물 씹어 먹기

공복의 물 한 잔은 약이라는데
씹을 건더기라곤 하나 없다고
서로 부딪치며 턱-턱-거리는
아래턱과 위턱에 촘촘히 박혀 있는 이빨들

물고 뜯고 씹던 오랜 기억, 한 모금
입에 넣고

오늘도 누굴 씹을지
얼마나 씹어야 할지
횟수를 헤아려 가며 꼭꼭 씹어 삼키는

굿모닝
좋은 아침, 식사

* '아침 식사(breakfast)'는 단식(fast)을 깨뜨린다(break)는 의미.

단물 빠진 멸치

1

늦은 저녁상을 물리지 않고 아내는, 식탁 머리에 앉아 멸치를 손질하기 시작했다. 손톱을 세워 힘들이지 않고, 아무렇지 않게 연신 대가리를 떼어 내고 있었다. 간혹 좀 크다 싶은 놈은 똥도 발라내면서, 두 쪽으로 배를 갈라 뼈도 추려 내면서

떨어진 대가리들이 신문지 위에 수북이 쌓여 갔다. 그때 왜 하필 정리해고 대상자명부가 떠올랐는지 모르겠다.

한참을 남의 집 족보까지 들먹여 가며 혼잣말로 무어라 해 쌓더니, 맛 좀 보라고 막 배를 갈라 뼈를 추려낸 놈을 입에 넣어 주며, 요놈들을 물엿 좀 넣고 볶아 줄까요? 너무 느끼하면 꽈리고추 썰어 넣고 조려 줄까요? 차라리 그냥 생으로 무쳐 줄까요? 물었다.

좋을 대로 하라고 대답하고 보니, 명색이 뼈대 있는

가문의 후손이라며 머리띠를 동여맨 입사 동기가 보였다.

2

혓바늘이 돋았다. 그래도 밥 한술 뜨려고 시래깃국을 젓자, 대가리가 온전히 붙은 멸치 한 마리 눈에 띄었다 고놈 참 용하기도 하지, 어떻게 촘촘한 거름망을 빠져 나왔을까? 되작거리고 있는데, 그깟 단물 다 빠진 멸치 뭐 볼 게 있느냐 아내가 핀잔을 놓았다.

출근 시간 핑계 대고 서둘러 나왔지만, 단물 빠진 멸치라는 말이 종일토록 가시처럼 목에 걸려 넘어가질 않았다.

고로쇠 신령神靈

1

지리산 정도 면적과 먹잇감 있어야
호랑이 한 무리 살 수 있단다.
호랑이가 사는 산이라야
그 호위 받아 신령님 계시고
영산靈山이라 부를 수 있단다.

경칩 무렵, 고로쇠 군락지에 가면
좀 굵다 싶은 밑동마다
영락없이 호랑이 발톱 자국이 나 있다.
산속 사람들은 모여 산신제를 지내고
산 밖 사람들이 때를 맞춰 찾아든다.

단언컨대 지리산에는 신령님이 계신다.

2

누구라서 아픔 한둘 없을까마는

새벽이면 쓰려 오는 위장
씻어 내기 위해 마셨습니다
속 빈 고목 울려오는 골다공증
허망하게 꺾이는 뼈마디마다
푸른 물 차오르기 바라며 또 마셨습니다

돌아오는 고속도로
진눈깨비는 몰아치죠 차들은 막히죠
무장 무장 오줌은 마렵죠 환장하겠습디다요
참다 참다 도리 없이 섬진강 푸른 줄기에다
약수 고스란히 돌려줄 밖에요
그제야 신령님, 구름 걷어 내고
지리산 끄트머리 한 자락 열어 주십디다요

늑골 조롱*

어느 날 당신이 불쑥 던진 질문
빈 새장과 새가 들어 있는 새장의 무게는 같을까 다를까

우문이란 어리석어서가 아니라
질문의 뜻을 이해할 수 없거나 답이 없단 것, 하지만
막상 질문을 받게 되면 답을 찾곤 하지

당연히 새가 들어 있는 새장이 무겁지 않으냐, 대답하고 싶었지만
(우문은 현답을 요구하기도 하는 것)
새장 속의 새가 바닥에 앉아 있는지 날고 있는지 되물었을 때
당신은 퍽 논리적이시군요, 웃었지

숨을 쉴 때마다 가슴이 아프다 병원을 찾았을 때
파랑새증후군이라며, 의사는
열두 쌍의 늑골 조롱을 보여 주었다

텅 빈 새장!

문이 열려 있는 조롱 속
새는 보이지 않고, 그때 떠오른 당신의 질문
빈 새장과 새가 들어 있는 새장의 무게는 같을까 다를까

아직도 새를 좇고 계신가요
이제 그만 새장을 저울 위에서 내려놓으십시오
한결 가뿐해질 겁니다, 받아 든 처방

새는 어디로 간 것일까?

새의 행방을 묻는 길이 길었다
무거운 걸음걸이로, 산책길에 보았다
날개를 다쳐 날지 못한 새의
바람이 불 때마다 들썩이는 깃털을

* 김혜순의 시 「줄무늬」 중 "하필 당신 늑골 조롱 속입니다"에서 차용함.

어떤 무단 경작

난생처음, 내 명의 토지를 소유하게 되었다

등기를 이전하고 경계 측량 끝낸 후
말뚝 박아 울타리를 둘러치고
〈주인 허락 없이 무단 경작 금함〉 푯말 세워 두었다
영주領主가 된 듯 뿌듯했다

그럴싸한 장원裝園을 설계하느라
봄 한 철을 흘려 보내고
여름휴가 앞당겨 영지領地를 찾았다

아뿔싸! 땅이 사라지고 없었다
둘러친 울타리도 박아 놓은 푯말도 뵈지 않았다
무성한 풀들이 경계 다 지워 버리고
벌 나비 풀벌레 불러들여
저희끼리 어울려 한 세상 이루고 있었다

기세등등한 시퍼런 그들 앞에서

정작 허울뿐인 주인은 발을 들여놓을 수 없었다
도대체 내 허락도 없이
누가 씨를 뿌리고 길렀는지 생각하다
애당초 저들의 영토였음을 그제야 깨달았다

시절이 하 수상하여
지금껏, 흙 한 삽 못 뜬 채
알량한 경고문 슬며시 뽑아내고
스스로 그러한 것들의 경작 묵인하기로 했다

| 해설 |

눈부신 고통의 힘

손남훈 문학평론가

1. 고통에 포위된 시인

고통은 언제나 절대적인 힘으로 주체를 엄습한다. 내 손톱 밑을 파고 든 작은 가시 하나가 친인親人의 죽음을 비탄하는 그대의 고통보다 덜 하다고 함부로 말할 수는 없다. 주체를 공격하는 아무리 작은 고통이라 할지라도, 그것은 타자의 고통보다 더 강하게 주체의 존립을 위협한다. 고통은 상대적이고 측정 가능하다고 말할 수는 있지만, 그것은 어디까지나 고통의 양상들을 타자화

하여 특수한 전제 상황으로 가정할 때 뿐이다. 고통은 객관적인 것이 아니라 순전히 고통 당하는 자의 주관에 속해 있다. 그러하기에 고통은, 언제나 비교 불가능한 절대적인 힘으로 타자가 아닌, 주체 자신을 압도한다.

니체에 따르면, 고통은 그 자체로는 아무런 의미가 없다. 고통이 고통스러운 이유가 여기에 있다. 고통의 감각에 가치를 부여하기 위해 종교는 인간의 죄(sin)를 언급하지만, 그것은 고통의 회피 방법을 제공할 뿐, 고통 그 자체와 대면하게 하지는 못한다.

뿐만 아니라 고통은 우리의 감각을 교란시켜, 그 원인을 분명하게 알려 주지 않는다. 끄떡도 없는 벽을 온몸으로 밀 때, 나는 벽에 힘을 가하고 있지만, 벽 또한 가만히 서서 나를 밀어내고 있다. 내가 미는 힘을 더하는 만큼 벽도 나를 밀어내는 힘을 더한다. 벽에 가하는 힘이 나에게서 비롯한다고 말할 수 있지만, 벽이 끄떡도 하지 않고 있을 수 있는 것은 벽 또한 나에게 가하는 힘이 있기 때문이다. 물리학에서 이는 일을 하지 않은, 아무런 속도와 방향과 운동을 가지지 않은 제로 상태일 뿐이다. 하지만 나는 분명 벽을 밀고 있고, 벽도 나를 밀고 있다. 그러니 이는 형용사가 아니라 동사이며, 제로 상태가 아닌 무한대의 대립 양상이다. 내가 벽을 밀고 있는 능동태도 벽이 나를 밀고 있는 수동태도 아닌, 서로 반대 방향의 벡터가 부딪치는 중간태이다. 그렇게 우리의 통각痛覺은 벽도 나도 아닌, 알 수 없는 그 무엇의 감각을 뇌에 전달함으로써 고통의 원인을 내부로도, 외부로도 함부로 돌릴 수 없게 한다.

분명히 존재하는 고통, 그 고통에 휩싸여 안절부절할 수밖에 없는 주체. 그럼에도 고통의 의미를 발견하기 어렵고, 그 원인도 궁구하기 힘들다는 것은 주체로 하여금 고통에 굴복하게 하는 궁극적인 이유일 것이다. 다만 고통에 휩싸인 주체가 할 수 있는 일이란, 고통을 정면으로 대면하면서, 그 고통을 표현해 내는 일뿐이다. 그리고 이 시집은 그 고통스런 과정에 있는 한 시인의 기록이자 고군분투의 산물이다.

김석윤 시인의 이 시집에서 고통의 현재진행형의 양태를 찾는 것은 그리 어려운 일이 아니다. 이 시집의 몇 구절만 들추어 보아도 "발바닥의 물집이 쓰라렸다"(「뿌리」 부분), "발목 시큰거린다"(「눈에 밟히다」 부분), "걷기가 힘들다"(「어떤 진화론」 부분), "늑골이 시리다"(「그 겨울, 연날리기」 부분), "허리 꺾여 누운 골다공증"(「마음의 도래지」 부분), "명치 끝이 아리다"(「흔들의자가 있던 자리」 부분), "숨을 쉴 때마다 가슴이 아프다"

(「늑골 조롱」 부분)와 같이, 개인의 고통을 토로하는 표현들을 발견할 수 있다. 말하자면, 시인은 고통에 포위된 자다. 하지만 이는 단순히 육체적 고통만을 뜻하지 않는다. 시집 전반에 걸쳐, 사물과 사태들에 조우한 시인의 마음이 고통의 감각을 외화하고 있고, 따라서 육체의 고통은 정신적 고통의 회귀된 증상으로 나타나고 있으며, 그 외화된 고통의 양상들이 시쓰기의 원동력으로까지 작동하고 있기 때문이다.

가로수를 옮기고 있었다
굴착기가 한 움큼씩 흙을 파낼 때마다
드러난 가늘고 굵은 뿌리를
인부들이 톱으로 잘라 냈다
잘린 부위에서 배어 나온 물기가
주변의 황토를 더욱 붉게 적셨다

깊게 둘러친 해자垓子 안쪽
고립된 채 완강히 버티던, 그가
마침내 쓰러졌다, 팔을 내둘렀지만
허공은 그의 손을 잡아 주지 못했다
그때 보았다

그가 지탱하고 있던 자리만큼
허망하게 무너져 내리던 하늘과
퍼렇게 치켜뜬 잎들의 눈으로 지켜 온
그늘이 사라진 것을

문득, 주위를 둘러보자
지금껏 걸어온 길이 사방으로
모두 뿌리가 되어 있었다
갈래갈래 길 더듬어 발품 팔아 온
발바닥의 물집이 쓰라렸다
그날 이후, 뿌리 깊다는 말에서는
물기가 묻어나기 시작했다

—「뿌리」 전문

이 시의 화자는 일상적인 사태, "가로수를 옮기고 있"는 과정을 지켜보고 있다. 하지만 화자가 우리에게 제시하는 것은 별스러울 것이 없는 일상의 한 부스러기가 아니라, 한 존재가 스러짐으로써 조우하게 되는, 그 존재가 걸어왔던 수많은 길들의 사라짐이라는 거대한 사건이다. 시인에게 존재는 눈에 보이는 것으로만 존립하지 않는다. 비록 눈에 보이지는 않지만, 그것은 존재의 존재성을 근본적으로 지시하는 더 두텁고도 두꺼운 진중함을 지니고 있다. 그러니 "고립된 채 완강히 버티던, 그가/마침내 쓰러졌"을 때, 시적 화자는 "그가 지탱하고 있던 자리만큼/허망하게 무너져 내리던 하늘"을 볼 수 있었다. 단지 존재의 현실태가 쓰러진 것이 아니라 존재의 수많은 잠재태, "지금껏 걸어온 길"이, 그 무거운 생의 무게 전부가 한꺼번에 쓰러진 것이다. 애도할 겨를도 없이, 수많은 가능태들로서의 더 많은 자기 자신과 생의 무게만큼 무거운 존재의 존재성과 수없는 상처로 점철된 "뿌리"가 "사라진" 과정을 보았던 것이다. 그리하여 수용 가능한 감각의 역치를 넘어선 증상이 고통으로 발현되어 "발바닥의 물집이 쓰라"리게 된 것이다.

2. 존재의 무게를 증명하는 방법

이처럼 존재의 소멸에 따른 시인의 예민한 감응은 고통이라는 증상으로 나타난다. 그런데 시인이 생각하는 존재의 존재성이란 도대체 무엇인가? 존재가 진중함의 본질을 지니고 있다면, 그것은 어떻게 발견할 수 있는가?

등산로를 벗어난 오솔길
끈적한 거미줄이 얼굴에 감긴다
바람의 여울목에 설치해 놓은
자리그물 송두리째 찢겨 버렸다

상수리나무에 밧줄을 건다
지금껏 끌고 온 길이
기다랗게 가지에 걸린다
이제 부은 발의 신발 벗겨 내면
더는 팍팍한 발자국
남지 않을 것이다

허방을 친 거미가
다시 허공을 오른다
저 허공 어디에 길이 있는 것일까

한 코 한 코
찢어진 그물을 꿰매며
거미가 지나간 자리마다

새로 그려 놓는
개정 증보판 지도 한 장
눈부시다

—「개정 증보판」 전문

"상수리나무에 밧줄을" 거는 화자에게 무슨 일이 있었는지는 분명하지 않다. 확실한 것은 그가 "끌고 온 길"에는 "팍팍한 발자국"만이 남아 있는, 고통 어린 삶이었다는 사실이다. 그것은 거미가 "설치해 놓은/자리 그물 송두리째 찢겨 버렸"던 것과 전혀 다르지 않다. 하지만 화자는 자신의 삶에 절망하고 "밧줄을" 걸려 한 데 반해, "허방을 친 거미"는 "찢어진 그물을 꿰매며" "개정 증보판 지도 한 장"을 "새로 그려 놓는"다. 삶의 모든 근거가 파괴되었다는 점에서 화자와 거미는 다를 바 없지만, 화자와 달리 거미는 끝내 "눈부"신 "지도 한 장"을 허공에 새기고 있었던 것이다.

이 시에서 시적 화자는 작은 거미 한 마리를 통해 삶이 지닌 진실의 한 단면을 발견하고 있다. 화자는 삶이 고통으로 가득 차 있음을 부정하지는 않는다. 삶이 고통인 것은 맞지만, 그리하여 그 고통이 화자로 하여금 "등산로를 벗어난 오솔길"로 접어들게 한 것은 분명하지만, 중요한 것은 그러한 삶 안에서 되레 “새로 그려 놓는/개정 증보판 지도 한 장”인, 아직 가 보지 못한 “길”이 있음을 화자는 끝내 발견한다는 사실이다. 그것이야말로 삶이 “맨바닥에 가슴팍 대고/끌어안듯 밀고”(「뻘밭」 부분)서라도 계속되어야 하는 이유임을 시인은 말하지 않고서도 전달한다.

이제 화자의 지나온 길들은, 그의 삶은, “개정 증보판”으로 일신되었다. 존재의 존재성은 이처럼 고통의 과정 가운데 비로소 발견된다. 진중함의 본질은 고통을 역치까지 감당해 내는 화자의 태도 그 자체이자 자기 원인에서 확인된다. 길을 “벗어”났다고 생각한 고통스런 자리에서, 존재는 새로운 차원으로 비약하고 비로소 삶은 가치 있는 그 무엇으로 자리 잡는다. 살아 있다는 것은 고통의 감내를 의미하지만, 동시에 고통을 통한 삶의 참다운 가치를 회복해 가는 과정이기도 하다. 그러니 존재의 존재성은 어느 누구도 함부로 넘볼 수 없는 진중한 무게를 갖고 있다.

존재가 본래적 가능성을 잃고 영영 어둠 안에 머물게 되는 것은 존재가 고통의 존재성이며 생의 모든 과정이 고통의 전면화 과정이기 때문이 아니다. 존재가 무無로 떨어지는 것은 오히려 고통이 외면당하고 망각될 때이다. 한마디로 그것은 삶이 아니다. 우리로 하여금 삶의 가치를 결정하고 그 의의를 발견하게 하는 것은 고통이 몸과 마음의 흔적을 남기고 난 뒤, 우리가 다시금 그 상처를 쓰다듬을 때이다. 왜냐하면 내 몸에 새겨진 고통의 상처들은 "스스로 화살표가 되어/가야 할 곳을 가리키고 있"(「벽에 관한 몇 가지 기억 -담쟁이1」 부분)기에, 그만큼 삶의 두께와 무게를 더하기 때문이다. 그러기에 시인은 "진짜 두려운 건 잃어버린 것이 아니라 잊어버린 것"(「자전거 도둑」 부분)이라 말한다.

「입동立冬」에서 "무성無性의 몸뻬바지로 사십 년을 살다 간 청상의 누님"이 "일벌"의 생애와 병치될 때, 「어느 무명 가수의 기타」에서 "상처투성이의 여인"을 떠올릴 때, 「탁란托卵」에서 친구의 죽음 앞에 망연자실할 때, 「옌징의 눈동자」에서 한 여인의 고단한 삶을 "소금 여인"이라 발할 때, 그리고 더 많은 시편들에서 더 자주 고통의 양상에 시인이 대면하고 있을 때, 우리가 확인할 수 있게 되는 것은 고통 그 자체가 아니라 고통 뒤에 가려진 존재의 참다움이다. 문제는 그 이면이 채 발현되기도 전에, 애도의 시간조차 주어지지 않은 채, 사라져 버린다는 점이다. 시인은 이들의 고통을 말함으로써 그들의 존재성을 잊어버리지 않고 고통을 함께하려

한다. 그렇게 존재의 무게를 감당하려 한다.

3. 고통-감각의 공동체

그런데 그게 과연 가능할까? 고통은 어디까지나 주체에게만 당도하는, 고독한 것이지 않은가? 시인은 지금 독자들을 기만하고 있지 않은가? 하지만 우리는 여기서 고통과 고통의 감각을 분명히 구별해야 한다. 비록 고통이 고독하게 주체의 자리에 머물고 있다 하더라도, 고통의 감각은 고통 어린 주체에게만 갇혀 있지 않다. 감각은 마치 뜬소문과도 같이, 곧잘 전염되고 때로 증폭되며 종종 감쇄된다. 하지만 그것이 뜬소문과 다른 것은 뜬소문이 기표와 기의의 일치에 무책임한데 비해, 감각은 어디까지나 기의를 맞닥뜨린 타자에 의해 하나의 기표화된 증상으로 표출되기 때문이다. 따라서 감각은 전적으로 신뢰할 만하다. 감각은 '감각됨'으로써 '감각함'의 능동적인 힘을 불러일으켜 고통의 교통交通을 이끌어 낸다. 그렇게 고통이 고통의 감각으로 타자에게 매개될 때, 고통은 전혀 고독한 것이 아니게 된다. 고통은 감각의 매개 가능성을 질료로 삼아, 주체와 타자를 '고통-감각의 공동체'로 탈바꿈시킨다. 시인은 고통을 감각함으로써 타자를 호명하는 가장 적합한 삶의 태도를 상상한다.

오키나와현 이오지마. 아열대의 수水요일, 계절풍이 불면 비가 온다 지하 깊숙이 파고 들어간 진지 속, 열쇠도 세월도 없이 굳게 닫힌 옥쇄玉碎의 방. 쿵쿵 바람벽에 머리를 들이받으며, 쉬지 않고 갱도를 판다 (내 통곡의 의미를 알면은 다시는 비가 안 내려야지)* 이제, 그만 주무셔요 형광 불빛, 네이팜탄 터지면 귀를 틀어막는다 두두두두두두… 이명의 빗소리, 기총소사로 퍼붓는다 (빗줄기 타고서 이 가슴 때리는 그 젊음의 몸부림) 수水요일, 크레센도로 굵어지는 빗줄기. 누구 말도 믿지 않는 귀머거리, 종전의 기미는 보이지 않는다 야사수 잎사귀를 덮고 누운 학도병, 목덜미로 다지류多肢類 땀이 스멀스멀 기어 다닌다 (비가 내리는 밤이면 비가 내리는 밤이면)

태평양 남서제도. 쪽빛 물마루 너머, 까치발의 희망마저 잃었어요 혼령이 아니라서 비다를 건니지 못한 채, 주저앉을 수밖에 없었어요 거부할 때면 치마를 찢고, 지워지지 않는 문신을 새겼어요 (통곡을 했었다 메아리도 없었다) 하루에 서른 번도 넘게, 총검 앞에 까무러쳤어요 눈물 대신, 덧난 상처에선 진물이 흘렀어요 (그러나 조용히 가 버린 내 젊은 내 젊은 야생마) 수水요일, 스모르찬도로 흐느끼는 빗줄기. 한번만이라도 꽃신 신고 숫눈 위를 걷고 싶어요! 집을 나선 소녀들, 아직도 돌아오지 않는다 비는 그치지 않고, 집회만 이어지는 수水요일. 천 번**이 넘도록 반복된 벡사시옹, 끝없는 도돌이표의 노래 듣는다 (비가 내리는 밤이면 비가 내리는 밤이면)

―「수水요일의 노래」 전문

화자는 매주 수요일마다 서울 종로구 일본대사관 앞에서 열리는 위안부 할머니들의 수요집회에 주목한다. 그리고 잔혹한 고통에 시달려야 했던 위안부 할머니들의 삶을 "오키나와현 이오지마"로 독자들을 데려가 전면화 함으로써 '고통–감각의 공동체'로 재정립한다. 거기에 여성 화자의 통곡을 담은 대중가요가 마치 배경음악처럼 깔리면서, 고통을 당하는 자들의 고통 어린 목소리를 들려주는 화자의 감정을 더욱 구체화한다. 그리고 이 시의 전반을 장악하고 있는 물의 이미저리들은 상황의 비극성과 참혹함을 강하게 환기시켜 독자의 감응을 응당 이끌어 낸다. 즉 이 시에서 제시된 모든 이미저리와 표현들은 화자가 이미, 항상 '고통-감각의 공동체'의 화자임을 잘 알려 준다. 시인에게 시는 고통의 표현이며, 고통-감각의 미학적 발현이다. 시는 1인칭 화자의 고독한 내면의 받아쓰기가 아니라, 타자의 고통을 감각한 화자에 의해 함께 불리는 노래인 것이다. 무엇보다 고통과 가까이 있는 시인이기에, 단지 내적 자아의 독백적 표현에만 시적 세계를 한정하고 있지 않음을 이 시편은 잘 보여 주고 있다.

빌딩 모퉁이로부터 불어오는
각이 진 바람이 한 움큼씩
기침을 뱉어 내면 저녁이 오고
먼 길 돌아온 이들
하루 동안의 이야기 들려주듯
창문마다 불 밝히면
쿨룩쿨룩 별이 돋는다
누구도 대신할 수 없어
다들 각자의 꿈을 꾸며 잠든 밤
외따로 내다보는 창밖

제 발밑 비추며 밤도와
혼자 걸어가야 할 가로등
둥근 눈시울이 붉다
가슴의 통증을 끌어안은 채
수긍하는 자세로 쪼그리고 앉아
어둠에 어깨 맡기고 오래 있다 보면
환할 때는 보이지 않던 사물들이
위로처럼 말 걸어온다
아침이란 어쩌면
어둠이 품었던 것들의 이름
다시 제자리로 돌려보내는 게 아닐까
모처럼의 깊은 잠 속으로 누군가
걸어 들어와 내 이름 부르며
가만히 이마를 짚는다
아, 부신

—「아프고 난 날」 전문

고통—감각의 타자화는 단지 이를 의도하거나 인식한다고 해서 가능한 것이 아니다. 의도적이고 의식적인 타자에로의 접근은 마치 거지를 향한 적선처럼, 자기기만일 따름이다. 일찍이 수전 손택은 타자의 고통이 스펙타클화 되고, 궁극적으로 고통의 무감각이 전면화 되는 양상을 강하게 비판한 바 있다. 시인에게, 누군가의 고통은 주체의 단독적인 삶 전체와 동의어이다. 고통에 무관심한 삶이란, 삶이 아닌 것과 같다. 그러므로 고통의 감각은 타자에 대한 환대이자 동시에 타자와 함께 존재하는 자기-주체를 존립하게 하는 궁극적인 근거이다. 그렇다면 고통의 감각은 어떻게 타자와 함께 공유될 수 있는 것일까?

위 시에서 시인은 타자의 고통을 스펙타클화하는 방식이 아닌, 자신의 고통을 먼저 들여다보는 데서 타자가 보이기 시작할 것임을 알려 주고 있다. 즉 "가슴의 통증을 끌어안은 채/수궁하는 자세로 쪼그리고 앉아/어둠에 어깨 맡기고 오래 있다 보면/환할 때는 보이지 않던 사물들이/위로처럼 말 걸어온다"는 것이다. 주체-타자의 공동체적 관계는 주체를 해체하거나 타자의 타자성을 말살한다고 맺어지지 않는다. 그것은 단지 정신병적인 자아의 확대이거나 대타자와 동일화 되려는 망상에 불과하다. 주체의 윤리가 곧 타자의 윤리라면, 김석윤 시인은 바로 이 지점, 타자의 고통에 감응하는 데서부터 시적 윤리의 미학적 가능성을 탐구하고 있다. 시인의 언어가 끝끝내 가 닿으려는 타자와의 접점의 자리. 그것은 고통의 공통 감각을 발견해 내는 데서, 그러기 위해 시인 자신이 더 아프게 자신을 발견해 내는 데서 시작되는 것임을 시인은 소박하지만 결코 단순하지 않은 언어를 통해 우리에게 제시하고 있다.

4. 지금, 여기의 시

그렇다고 시인이 타자와의 상호호혜를 바탕으로 무조건적인 화해가 가능하다고 믿는 것 같지는 않다. 시인은 말한다. “발아래 상처가 너무 깊어서/봉해 드려야 할 상처가 너무 붉어서//상처가 저리도 크고 깊은데/발라 드릴 약이 없네”(「상처를 봉하다」 –평토제平土祭). 죽음이라는 벽 앞에 타자와 주체의 맞잡는 악수가 가능할 리 없다. 시인은 타자의 상처를 완벽히 이해할 수 있다고 가정하지 않는다. 그러나 비록 불가능하다 할 지라도, 끝내 가 닿지 못하는 타자와의 접점 찾기를 지속할 수는 있다. 그 과정이 시인으로 하여금 시를 쓰게 하고 열망하게 하는 원동력이 되고 있음은 두말할 나위가 없다.

삼십 년 근속 정산서 받아 들고
갓길에 멈춰 선 중고차 한 대
갈 곳을 잃어버렸다

노면표지 지워진 길
여전히 속도 줄이라는 표지판
습관적으로 한곳을 가리키는 이정표
눈 감아도 훤한, 낯선 풍경 둘러본다
그동안 무심히 지나쳤던 길가
이름 없는 잡풀들 새삼 눈에 띈다

세상에 이름 없는 것이 있을까
먼지 앉은 풀섶 들춰 보면
도감圖鑑에 어엿이 올라 있는 이름들
거이삭 새포아풀 왕포아풀 신포아풀
호밀풀 잠자리피 개피 도랭이피
띠 길뚝사초 별사초 괭이사초

나직이 부르다 보니 떠오르는
근로자명부에 등재된 이름들

너도사초 나도사초 다 한철이다
먼저 자리 잡은 것들, 시들어 스러진 자리
새로이 밀치고 올라오는 새파란 것들,
우거져 뒤엉킨 듯 보여도
풀들은 서로의 발등 밟지 않는다

–「나도사초」 전문

더 이상 "갈 곳을 잃어버"린 화자가 바라보는 것은 "표지판"도 "이정표"도 아닌 "낯선 풍경"이다. 시인은 그곳에서 "이름 없는 잡풀"로만 불리는 수많은 "어엿이 올라 있는 이름들"을 새긴다. "근로자명부에 등재된 이름들"이 해고 여부로만 불릴 수 없듯이, 화자는 풀의 이름을 하나하나 부르며 비로소 보이지 않았던 타자의 자리와 접점을 마련해 낸다. "표지판"과 "이정표"를 따라 혼자서 달릴 때에는 생각할 수 없었던 타자라는 압도적인 무게가 감각되기 시작한 것이다. 그리고 타자의 타자성이 주체와 그리 다를 바 없음을, "너도사초 나도사초"임을 화자는 확인한다. 주체가 자기 우위를 확인하는 자리에는 누군가가 또 다른 누군가를 "정산"하지만, 지금 화자가 서 있는 이 자리는 "서로의 발등 밟지 않는다". 그것은 "숨겨져 있던 뒤편"(「저물녘 강가를 거닐면」 부분)이고 "가 보지 못한 건너편"(「저물녘 강가를 거닐면」 부분)이며 고통의 과정 속에서 비로소 발견될 수 있게 된 "해인海印"(「동백꽃 수혈」 부분)의 찰나이다.

하지만 시인은 그 시공간이 텅 비어 있고, 부재해 있으며 찰나의 상상으로만 그려낼 수 있을 뿐임을 안다. 고통-감각의 공동체는 '유-토피아(없는-장소)'가 아니라 바로 지금, 여기에서 생성되고 구체화되어야 함을 인식하는 까닭이다. 그렇지 않다면 시인이 겪는 저 많은 통증들은 모두 기만적인 자기 토로에 불과할 것이다. 김석윤 시인의 시편들에는 고통을 온몸으로 대면하고 고통 그 자체에 끊임없는 질문을 던지는 가운데 마련된 타자와의 접점의 자리를 향하는 시인의 정직한 감응이 전반에 깔려 있다. "무성한 풀들이 경계 다 지워 버리고/벌 나비 풀벌레 불러들여/저희끼리 어울려 한 세상 이루고 있었다"는 발견과 "애당초 저들의 영토였음을 그제야 깨달았다"(「어떤 무단 경작」 부분)는 인식이 이 시집에 펼쳐진 시적 윤리의 한 단면을 증명하고 있다. 모든 스러져 가는 존재들의 고통을 증언하는 이 우직한 시집이 우려낸 깊이가 그렇게 타르초 깁듯 박음질되어 선뜻 우리에게 다가와 있다.

김석윤
1962년 완도 출생. 2009년 『21세기문학』 봄호 신인상으로 등단.

e-mail | sykim0815@hanmail.net

문학들 시선 029
타르쵸 깁는 남자

초판1쇄 찍은 날 | 2014년 11월 21일
초판1쇄 펴낸 날 | 2014년 11월 30일

지은이 | 김석윤
펴낸이 | 송광룡
펴낸곳 | 문학들
등록 | 2005년 8월 24일 제2005 1-2호
주소 | 501-841 광주광역시 동구 천변우로 487(학동)2층
전화 | 062-651-6968
팩스 | 062-651-9690
전자우편 | munhakdle@hanmail.net

ISBN 978-89-92680-90-5 03810